Deutschland

# Klassische Reiseziele

# Die Wartburg



Reinhard Ulbrich

Atlantis

Herausgegeben von
Paul Otto Schulz


Printed in Italy, New Interlitho S. p. a. – Trezzano
ISBN 3-88199-777-6

# Die Wartburg

## Vom Wartberg zur Wartburg

Die Sage will es, daß der Name auf einen Ausruf von Ludwig dem Springer zurückgeht: »Wart, Berg, du sollst mir eine Burg werden!« Die historischen Tatsachen sind allerdings nüchterner. Jene etwa vierhundert Meter hoch gelegene Erhebung im nordwestlichen Thüringer Wald wurde Wartberg genannt, weil sich auf dem Gipfel eine Warte, ein Aussichtspunkt, befand. Unumstritten ist aber die Gründung der Burg durch Ludwig den Springer im Jahre 1067. Gleichwohl handelte es sich zunächst nur um eine Feste unter vielen, die den Ludowigern dazu diente, ihre Territorialmacht gegen die königliche Zentralgewalt Heinrichs IV. zu stärken. Dafür lag die Wartburg strategisch sehr günstig. Von ihrer Position aus war es möglich, die Via regia zu kontrollieren, eine in unmittelbarer Nähe verlaufende West-Ost-Verbindung zwischen Frankfurt am Main und Breslau (etwa identisch mit der heutigen Autobahn A 4/Europastraße 40). Die erste urkundliche Erwähnung der alten Bastion findet sich in Bruno von Merseburgs Buch vom Sachsenkrieg aus dem Jahre 1080.

Während die Funktion also recht genau bekannt ist, lassen sich über die ursprüngliche Bebauung der Anlage nur noch Vermutungen anstellen. Eine Chronik aus dem 15. Jahrhundert erwähnt immerhin »eyn huss unde zwene bergfrede«, wodurch die Annahme gerechtfertigt scheint, daß ein Nord- und ein Südturm, sowie ein Wohngebäude vorhanden waren. Als Material fand wahrscheinlich überwiegend Holz Verwendung. Untersuchungen der Balkendekke im Speisesaal des Palas haben ergeben, daß es sich um Eichen handelt, die etwa 1168 geschlagen wurden. Neben einer Reihe von inzwischen wieder überbauten Fundamenten aus der Anfangszeit sind dies wohl die ältesten erhaltenen und noch sichtbaren Teile der Wartburg.

Der Palas selbst stammt aus der Zeit der Landgrafen Ludwig III. und Hermann I., weshalb er gelegentlich auch als Landgrafenhaus bezeichnet wird. Beide Bauherren hatten Frankreich bereist und waren von dessen höfischer Kultur beeindruckt. Nach 1170 begann man deshalb auf der Wartburg mit der Errichtung eines festlichen und repräsentativen Gebäudes, des Palas. Er wird heute als eines der bedeutendsten Zeugnisse spätromanischer Profanarchitektur Deutschlands angesehen.

Das Gebäude vereint in sich zwei Funktionen: An der östlichen Außenfront ist der Wehrzweck deutlich erkennbar, während die Innenseite zum Hof hin offen blieb, um damit gleichsam zu Unterhaltung und Geselligkeit einzuladen. Im ersten Entwurf war nur eine zweistöckige Ausführung vorgesehen, Hermann I. ließ jedoch eine dritte Etage darübersetzen, wodurch der monumentale Charakter des Ganzen unterstrichen wurde. (Im 19. Jahrhundert hat man allerdings gerade den oberen Teil beträchtlich verändert.) Die in der Mitte des unteren Palas eingefügten Arkaden sind besonders interessant. Sie lokkern die gedrungene Grundgestalt des Baus auf und lassen außerdem eine architektonische Beziehung zur römischen Portikusvilla erkennen. Unter den vielen bauplastischen Schmuckelementen verdienen vor allem die Säulenkapitelle Erwähnung, von denen sich im Arkadengang des Erdgeschosses ein sehr ansprechendes Doppelexemplar mit der Darstellung von Greifen befindet. Wegen der stilistischen Nähe zu Steinmetzarbeiten aus Eisenacher Kirchen wird angenommen, daß es sich auch hier um Werke niederrheinischer Meister handelt.

Die Stadt am Fuße des Berges ist, nebenbei bemerkt, jünger als die Burg (erste Erwähnung 1186). Insofern liegt eigentlich nicht die Wartburg bei Eisenach, sondern umgekehrt Eisenach bei der Wartburg. Doch zurück zum Palas: Seine innere Raumaufteilung übernimmt Grundzüge vom Vorbild der germanischen Königshalle. So befinden sich, symmetrisch angeordnet, im Erdgeschoß Rittersaal, Speisesaal und die sogenannte Elisabethkemenate; der erste Stock ist dem großen Sängersaal vorbehalten; im zweiten Geschoß liegt der Fest- oder Bankettsaal. Die schönste Säule der Wartburg mit Löwen rings um die Basis und herabstürzenden Adlern am Kapitell steht im Landgrafenzimmer direkt neben dem Sängersaal. Der Raum diente einst für Audienzen, und seine Ausstattung war entsprechend aufwendig. Ebenfalls im Hauptgebäude erinnert noch eine Reliefskulptur an Ludwig den Springer, Gründer dieses »Hofes zu Düringen«, wie die Burg anfangs auch genannt wurde.

Annähernd zeitgleich mit dem Palas entstand der erste Hauptturm. Seine Lage unterschied sich kaum von der des heutigen Bergfrieds, allerdings war er kleiner und erheblich breiter. Als sicher gilt ferner, daß auch die Zisterne relativ früh angelegt wurde. Die Wartburg besitzt nämlich keinen eigenen Brunnen. Das Trinkwasser mußte lange Zeit mit Eseln von einer Quelle heraufgeschafft werden. Erst die Zisterne machte es dann möglich, Regenwasser zu sammeln. Die Eselstransporte dienten später zunehmend dem Personenverkehr. Der bis in unsere Tage noch übliche Ritt auf die Wartburg geht also auf eine mittelalterliche Tradition zurück. (Die Eselsstation liegt auf halber Höhe des Berges.) Insgesamt dürfte die erhaltene flaschenähnliche Form der Anlage und auch ihre Nord-Süd-Ausdehnung über etwa einhundertachtzig Meter bereits um 1200 in Grundzügen erkennbar gewesen sein.

## Die Sage vom Sängerkrieg

Dennoch brauchte es eine weitere Sage, um die bis dahin weitgehend unbekannte Burg auch über die Region hinaus berühmt zu machen. Die Rede ist vom Sängerkrieg, jenem Wettstreit zwischen den bedeutendsten deutschen Dichtern des Hochmittelalters. Unter Hermann I. (1190-1217) und seinem Sohn Ludwig IV. (1217-1227) entwickelte sich der Landgrafenhof zu einem Zentrum des Minnegesangs und der Wortkunst. Die Sage vom Sängerkrieg auf der Wartburg stützt sich gleichwohl nicht direkt auf tatsächliche Ereignisse. Sie beruht vielmehr auf zwei literarischen Überlieferungen: Die Manessische und die Jenaer Handschrift berichten von einem Wettsingen, an dem Wolfram von Eschenbach, Heinrich von Ofterdingen, Walther von der Vogelweide und andere beteiligt gewesen sein sollen. Ofterdingen, so heißt es, habe dabei entgegen der Sitte nicht den Gastgeber gepriesen, sonderen seinen Landesherrn Leopold V. von Österreich. Erst nach einer Intervention durch Gräfin Sophie, die Gemahlin des beleidigten Hermann, zog man schließlich den ungarischen Zauberer Klingsor als Schiedsrichter zu Rate, und Ofterdingen konnte seinen Kopf in letzter Minute retten.

Literaturwissenschaftler neigen heute zu der Ansicht, Ofterdingen sei selbst Urheber dieser dramatischen Geschichte, die später immer wieder erweitert und ausgeschmückt wurde. Im 14. Jahrhundert entstanden dann die bekannten Manuskripte in Gestalt der Jenaer und der Manessischen Liederhandschrift. Das Museum auf der Wartburg verfügt noch über Teile der beiden auch buchkünstlerisch eindrucksvollen Zeugnisse des Minnegesangs. (Sehenswert ist bei dieser Gelegenheit ebenfalls das mit Malereien reich geschmückte Psalterium der Landgräfin Sophie.) Obwohl es also einen regel-

*Die Sage vom Sängerkrieg machte die Wartburg über Thüringen hinaus im ganzen Reich bekannt. Die Minnesänger trafen sich hier zu einem Wettsingen, wie die Manessische und die Jenaer Handschrift berichten. Unter den Teilnehmern befanden sich auch Walther von der Vogelweide und Wolfram von Eschenbach. - Wandgemälde von Moritz von Schwind (1855).*

rechten Sängerkrieg nie gegeben hat, wurde andererseits nachgewiesen, daß einige Dichter, die in der Legende vorkommen, tatsächlich Gast an Landgraf Hermanns Hof waren. Walther von der Vogelweide hielt sich sogar mehrmals auf der Wartburg auf. Ein Besuch Wolfram von Eschenbachs ist für das Jahr 1203 verbürgt, bei dem er Teile seines Versepos »Parcival« schrieb. Aber Landgraf Hermann versorgte nicht nur die Literaten gelegentlich selbst mit Vorlagen für ihre Arbeit, er vergab auch zielgerichtet Aufträge an bildende Künstler, wodurch sich der Ruf des Thüringer Hofes als besonders musisch und weltoffen festigte.
Vom Kunstsinn der Landgrafen zeugen die Ausstellungen des Museums. Zu den ältesten Exponaten gehören silberne Hohlpfennige aus der Zeit der Ludowiger. Ihre Form mit besonderem Motiv, die sogenannten Reiterbrakteaten, beeinflußten sogar die Münzprägung unter dem Staufenkaiser Friedrich Barbarossa. Relativ früh begannen die Thüringer Grafen auch mit dem Sammeln von Kunstobjekten anderer Regionen. So sind auf der Wartburg beispielsweise zwei Arbeiten französischer Kupferschmelzen zu besichtigen, die etwa um 1220 datiert werden. Es handelt sich um ein hausförmiges Reliquiar mit der Darstellung des Martyriums der hl. Valerie sowie um eine Waschschale, die beide in der damals führenden europäischen Werkstatt von Limoges entstanden sind. Einblicke in die mittelalterliche Baukunst geben wiederum verschiedene Plastiken aus der Palasbauhütte. Es empfiehlt sich den Besuchern, die gezeigten Säulenkapitelle genauer zu betrachten, denn deren thematische und gestalterische Vielfalt (»Eifersuchtskapitell«, »Turnierkapitell«) sucht ihresgleichen. Schwieriger wird es schon, sich ein Bild von den ursprünglichen Wohnverhältnissen zu machen. Das Material der alten Einrichtungsgegenstände hat in aller Regel die Jahrhunderte nicht überdauert, Schränke und Sitzmöbel aus der Gründungsperiode sind nicht mehr vorhanden. Immerhin aber gibt es noch eine sogenannte Einbaumtruhe, die, wie der Name sagt, aus einem ganzen Holzstück herausgeschlagen wurde. Das zusätzlich mit Eisen umschlungene Eichenmöbel entstand gegen Ende des 13. Jahrhunderts. In der urbanen Wohnkultur des norddeutschen Raumes wurden etwa zur gleichen Zeit Textilien als Raumschmuck immer beliebter. Ihnen kam nicht nur eine dekorative Funktion zu, sie dienten in den schlecht beheizbaren Gebäuden ganz einfach auch der Wärmedämmung. Die Wartburg verfügt noch über einen in rot und blau gestalteten Wandteppich aus Wolle aus der 2. Hälfte des 14. Jahrhundert, auf dem eine Vielzahl unterschiedlicher Fabel- und Wappentiere eingewebt ist. Ansonsten sind aus dem Hochmittelalter vorwiegend Gebrauchsgegenstände erhalten geblieben.

## Das Rosenwunder der Elisabeth

Unter den vielen Herrschern und hohen Gästen der Wartburg, die, und sei es nur durch Anregung künstlerischer Phantasie, einen Beitrag zur deutschen Kultur- und Geistesgeschichte leisteten, gebührt Elisabeth von Thüringen (1207-1231) ein besonderer Rang. Sie war die Tochter des ungarischen Königs Andreas II. und wurde im Alter von vier Jahren aus machtpolitischen Gründen an den landgräflichen Hof geholt. Gleich nach der Ankunft fand die Verlobung mit ihrem späteren Mann Ludwig IV. statt, der damals allerdings auch nur elf Jahre zählte. Elisabeth führte ein streng religiöses Leben und bewies gleichzeitig Mitgefühl für die Armen des Landes. Auf ihr Geheiß wurde am Fuße des Wartberges ein Hospital errichtet, dessen Fundamente am Elisabethplan noch heute erkennbar

*Das Wirken der hl. Elisabeth, einer der großen Gestalten des Hochmittelalters, ist eng mit der Wartburg verknüpft. Die ungarische Königstochter, Gattin des Landgrafen Ludwig, übte tätige Nächstenliebe, trotz des Verbotes. Als sie auf dem Weg zu den Armen gestellt wurde, verwandelte sich das Brot in Rosen: Ein Wunder war geschehen. Wandbild von Moritz von Schwind (1855).*

sind. Der Hof reagierte seinerzeit auf das verschwenderische Projekt ausgesprochen zornig. Angeblich stellte Ludwig selbst seine Frau zur Rede, als sie mit einem Korb den Bedürftigen Speise und Trank bringen wollte. Was sie denn da bei sich trage, soll er gefragt haben, worauf sie voller Verlegenheit nichts anderes zu antworten wußte als »Blumen«. Und tatsächlich habe sich der Inhalt des Korbes daraufhin in Rosen verwandelt - ein Vorgang, der mittlerweile als »Rosenwunder« zu den bekanntesten Wartburgsagen gehört. Die Ehe mit Ludwig dauerte im übrigen nicht mehr lange. Gerade zwanzigjährig wurde Elisabeth Witwe, ihr Mann erlag während eines Kreuzzuges dem Fieber. Nur wenig später starb auch sie, vertrieben von der Wartburg vom eigenen Schwager. Als Würdigung ihres selbstlosen Eintretens für die Notleidenden sprach Papst Gregor IX. Elisabeth heilig. Sie wurde Patronin des Franziskanerordens, und sogar die Bäcker erkoren sie zu ihrer Schutzheiligen, weil das hungernde Volk stets reichlich Brot von ihr erhalten hatte.
Auch an der Kunst jener Zeit läßt sich die große Verehrung der hl. Elisabeth erkennen. Ihr wurde 1235 der Bau einer der ersten gotischen Kirchen Deutschlands in Marburg gewidmet. Die Räume der Wartburg, etwa jene schon erwähnte Kemenate im Erdgeschoß des Palas, beherbergen dagegen neuere Bild- und Mosaikwerke zum Thema, die aus dem 19. und frühen 20. Jahrhundert datieren. Sie entstanden in einer Phase, als man das Leben Elisabeths romantisierte.
Nach den thüringischen Erbfolgekriegen kam die Burg an die Wettiner, denen sie anfangs als Residenz diente, bis schließlich seit dem 15. Jahrhundert nur noch ein Kommandant die Verwaltung wahrnahm. Zeitgenössischen Beschreibungen zufolge gehörte zur Anlage damals noch ein romanisches Ritterhaus in der

Vorburg. Den ursprünglich ebenfalls romanischen Bergfried hatte man mit einer gotischen Turmhaube versehen, der Mittelbau bestand nur mehr aus einem einfachen Fachwerkhaus, und der Palas zeigte lediglich noch auf der Hofseite seine alte Form, während alle anderen Außenteile schon mehrfach umgestaltet waren. Dies muß ungefähr der Anblick gewesen sein, wie er sich Martin Luther bot. Der abtrünnige Theologieprofessor kehrte damals von seinem Auftritt vor dem Reichstag zu Worms zurück. Er hatte sich geweigert, seine Schriften zu widerrufen und war daraufhin vom Papst in Acht und Bann getan worden.

## Luther als Junker Jörg

Kurfürst Friedrich der Weise ließ den Reformator zu dessen eigener Sicherheit festsetzen. »Es muß ein klein Zeit geschwiegen und gelitten sein«. Das fand auch Luther selbst, als er am Abend des 4. Mai 1521 auf der Wartburg von Hauptmann Hans von Berlepsch empfangen wurde. Der Neuankömmling war in Deutschland bereits so berühmt, daß man ihn als Ritter ausstaffierte und unter dem Namen »Junker Jörg« ins Gefangenenregister eintrug. Eine regelrechte Haft ist sein Aufenthalt auf der Burg freilich nicht gewesen. Im Gegensatz zu den gewöhnlichen Gefangenen wurde er nicht in das knietief mit Wasser gefüllte Verlies unter dem Südturm geworfen. Berlepsch wies ihm eine der fünf Zellen im sogenannten Kavaliergefängnis zu, das sich im Obergeschoß der Vogtei auf der Westseite der Vorburg befand.

Der gegenwärtige Raum entspricht nur noch teilweise dem Originalzustand, weil sich die Funktion des Gebäudes immer wieder veränderte. Während Keller und Erdgeschoß noch relativ unberührt blieben, dienten die Kavaliergefängnisse vorübergehend als Tanzsaal und auch als Gästezimmer. (Heute beherbergen sie die Verwaltung und eine Bibliothek.) Einzig das Quartier, in dem Martin Luther vom Mai 1521 bis zum 1. März des Folgejahres lebte, gelangte schon bald in den Ruf eines historischen Ortes. Die Ausstattung mit dem kalten Estrichfußboden und der groben hölzernen Wandverkleidung wirkt auf den heutigen Betrachter recht spartanisch, sie zeigt jedoch die wirklichen Verhältnisse zur Zeit des 16. Jahrhunderts. Nur der anheimelnde grüne Kachelofen ist ein nachträglicher Einbau.

In einigen Briefen klagt Luther darüber, daß die schwere Kost aus der Burgküche sein Gedärm durcheinanderbrächte. Ansonsten war für ihn das Leben auf dem Wartberg wohl recht geruhsam und trotz gesundheitlicher Beschwerden vorteilhaft für die Arbeit. Mit dem Burghauptmann pflegte er offenbar freundschaftliche Beziehungen. Um seinen Aufenthaltsort nicht preiszugeben, bezeichnete Luther die Wartburg in seiner Korrespondenz immer wieder mit Phantasienamen wie »Insel Patmos«, »Reich der Vögel« oder »Auf dem Berge«. Aber ungleich wichtiger als der Schriftwechsel war natürlich die berühmte Übersetzung des Neuen Testaments aus der griechischen Urfassung ins Deutsche. Sie entstand um die Jahreswende 1521/22 in der kurzen Zeit von nur zehn Wochen und hatte eine nicht zu überschätzende kulturelle und geistesgeschichtliche Wirkung. Damit lag endlich eine Bibelfassung vor, die weniger mißverständlich war als die bis dahin vorhandenen Übertragungen der lateinischen Vulgata. Außerdem hatte sich Luther bemüht, ein Deutsch zu verwenden, das auch überregional und quer durch alle Stände verstanden wurde. Als Grundlage diente ihm, wie er es selbst formulierte, die Sprache der »sechsischen Cantzelei« und der vielzitierte Blick »auff das Maul« des »gemeinen Mannes auff dem Marckt«. Insgesamt bildete die Bibelübersetzung damit die wesentliche Voraussetzung für das Entstehen der neuhochdeutschen Schriftsprache. Auf dem Tisch der Lutherstube in der Wartburg, dem einzigen Möbelstück des Raumes, ist seit sechzig Jahren ein Exemplar der Gesamtübertragung ausgestellt. Es wurde 1541 in Wittenberg gedruckt und enthält unter anderem Vermerke aus der Feder von Bugenhagen und Melanchthon.

Das besondere Interesse der Besucher konzentriert sich allerdings von jeher auf ein Kuriosum in der Ofenecke. Dort fehlen nämlich Teile des Putzes. Angeblich befand sich an dieser Stelle früher ein großer blauer Fleck, der dadurch entstanden sein soll, daß Luther bei der Arbeit sein Tintenfaß an die Wand warf, um sich des Leibhaftigen zu erwehren. Mit Sicherheit handelt es sich dabei aber um ein lange überliefertes Mißverständnis. Luther hatte zwar in seinen »Tischreden« erklärt, er habe den Teufel mit Tinte vertrieben. Gemeint war dies jedoch im übertragenen Sinne als Beschreibung seiner theologischen Arbeit. Weil die Lutherstube schon früh zu einem beliebten Reiseziel wurde, malte man einfach den besagten Fleck an die Wand. Generationen von Besuchern schlugen daraufhin immer wieder Stücke des gefärbten Mörtels heraus, um sie als Andenken mitzunehmen. Durch den ständigen Neuanstrich und das fortgesetzte Abklopfen entstand im Laufe der Jahre jenes Loch in der Wand, mit dem Luther nicht das Geringste zu tun hatte. Bezeichnend ist, daß auch von anderen Aufenthaltsorten des Reformators, etwa in Wittenberg oder auf der Veste Coburg, behauptet wird, er habe dort Tintenflecke hinterlassen. Auf der Wartburg wurde im übrigen nicht nur eine Wand durch die Sammelwut des Publikums verunstaltet, selbst der Originaltisch Luthers war schon vor mehr als einem Jahrhundert in Einzelteile zersägt und heimlich abtransportiert worden. Bei einer Erneuerung des Wandanstrichs legte man in der Lutherstube zufällig auch ältere Farbschichten frei, auf denen sich seit über vierhundert Jahren Besuchsreisende verewigt hatten. Die älteste Inschrift datierte von 1560, und sie zeigte, wie bekannt die Burg bereits war.

Eine Vorstellung vom damaligen Aussehen des Reformators vermittelt der berühmte Holzschnitt

*Ein Gast von historischer Bedeutung: Nach dem Reichstag von Worms, 1521, als Martin Luther mit Verfolgung rechnen mußte, verbarg Kurfürst Friedrich der Weise den Reformator auf der Wartburg. Hier übersetzte der »Junker Jörg«, so sein Deckname, das Neue Testament. Holzschnitt von Lucas Cranach d.Ä. (um 1522).*

»Luther als Junker Jörg« von Lucas Cranach d.Ä. Das Werk hängt gemeinsam mit zwei kleineren Cranach-Gemälden über dem Bibeltisch in der Vogtei. Entgegen früheren Annahmen ist es nicht bei der einzigen heimlichen Unterbrechung des Wartburgaufenthaltes im Dezember 1521 entstanden, sondern erst bei Luthers Rückkehr nach Wittenberg. Der kurfürstliche Leibarzt überlieferte, daß Verkleidung, Haarschnitt und Barttracht so überzeugend einen Ritter vortäuschten, daß sogar Meister Cranach seinen Freund Martin erst an der Stimme erkannte. Neben den genannten Bildern befinden sich auch zwei Porträts der Lutherschen Eltern im Besitz des Museums, die Cranach 1527 vollendete.

Obwohl Martin Luther alles in allem nur rund zehn Monate auf dem Berge bei Eisenach verbracht hatte, genügte diese Zeit, um gleichsam eine synonymische Verbindung zwischen seinem Namen und der Wartburg herzustellen. Dies beruhte wohl nicht nur auf der Tatsache, daß der Mann aus Wittenberg schon zu Lebzeiten als bekanntester Deutscher galt. Eine wesentliche Rolle spielte auch das aufstrebende Bürgertum, das sich von der Reformation eine Stärkung seiner sozialen Stellung gegenüber dem Feudaladel erhoffte, und zwar keineswegs nur in Thüringen, sondern in den verschiedensten Grafschaften und Fürstentümern gleichzeitig. Gerade aus dieser Zersplitterung heraus erwuchs erstmals der Wunsch nach etwas Symbolischem. Und nichts eignete sich dafür besser als jener Ort, an dem die gemeinsamen Interessen über Grenzen hinweg sinnfällig wurden: Der Reformator und die Burg als allgemeingültiges, unangreifbares Ganzes. Der Augenblick, in dem Martin Luther seine halb freiwillige Haft auf der Vogtei beendete, war bereits die Geburtsstunde des Wartburg-Mythos. Aus der historischen Umbruchssituation entwickelte sich ein völlig neues Weltbild. Die auch künstlerisch bedeutsame Phase der Renaissance begann.

## Anbruch der Renaissance

In Deutschland dominierten noch Elemente der Spätgotik. Auf der Wartburg zeugen davon zwei Türen, die etwa um 1500 entstanden sein dürften. Eine der beiden ist mit kreisförmigen durchbrochenen Schnitzornamenten verziert, die als Fischblasenmotiv bezeichnet werden. Bei der anderen im Luthergang der Vogtei handelt es sich um eine Arbeit mit schmiedeeisernem Beschlag, der ein Blumenmuster darstellt. Die feinziselierte Ausführung zeigt, welchen Aufschwung die Handwerkstechnik gegenüber dem hohen Mittelalter bereits genommen hatte. Gleiches gilt für das sogenannte »Pirchheimerstübchen«, einen vollständig erhaltenen kleinen Wohnraum im spätgotischen Stil. Er stammt eigentlich aus dem Imhoffschen Hause zu Nürnberg, wo er als Studierzimmer diente. Dort wurde er aber im 19. Jahrhundert ausgebaut und nach Eisenach gebracht, um der Burg das alte architektonische Gepräge der Dürerzeit zu geben. Dazu trägt auch ein Möbelstück von außerordentlichem künstlerischen Wert bei, das als »Dürerschrank« bezeichnet wird, weil für den Figurenschmuck Dürerstiche als Vorlage dienten. Das dritte große Objekt von süddeutscher Herkunft ist der Nürnberger Erker, gelegentlich auch als »Chörlein« bezeichnet. Dieses am Giebel der Vogtei angebrachte Fensterelement befand sich ursprünglich am Harsdörferschen Haus in Nürnberg. Heute ist es kaum noch als nachträglicher Einbau des vorderen Hofes zu erkennen, weil es sehr gut zu den umliegenden Fachwerkhäusern paßt. Eine besondere Beziehung zur Wartburg wird dem

Bildhauer Tilman Riemenschneider (ca. 1460-1531) nachgesagt, denn er war gebürtiger Thüringer. Aus seiner Werkstatt besitzt das Museum einen Leuchterengel, der etwa zeitgleich mit dem Creglinger Altar entstand. Hinzu kommen die Plastik »Anna selbdritt« und eine Pietà, die der Riemenschneider-Schule zugeschrieben werden. Als typische Werke der Renaissance sind jedoch vor allem kleinere kunsthandwerkliche Exponate wie Besteckteile oder Trinkgefäße von Interesse. Bemerkenswert ist auch eine Porträtmedaille, die jeweils auf einer Seite Martin Luther und Philipp Melanchthon zeigt. Ihre Prägung etwa um die Mitte des 16. Jahrhunderts fällt mit dem Beginn regelrechter Pilgerfahrten auf den Spuren des Reformators zusammen.

An den Bauten der Anlage hatten sich damals erneut Veränderungen vollzogen. Der Nordturm über der Eingangspartie war zunächst in seiner Höhe reduziert, später dann vollständig in das Ritterhaus eingebaut worden, so daß im Bereich des Tores eine geschlossene Verteidigungsanlage entstand. Die den gesamten Komplex einfassenden Ringmauern erhielten eine besondere Bewehrung sowie Dächer. Wegen der exponierten Lage machten sich trotzdem die Witterungseinflüsse immer wieder nachteilig bemerkbar. Deshalb begann man, alle alten Gebäude wie auch die neuen Erweiterungen mit einem einheitlichen Putz zu versehen. Die Ostseite des Vorhofes ermöglich heute noch einen ungefähren Eindruck von der Verteidigungstechnik: Insbesondere das Überkragen der Gänge und die Vorbauten (Schützenerker, Eseltreiberstübchen) demonstrieren, wie man bestrebt war, möglichst günstige Sichtbedingungen zu schaffen. Nötig geworden war dies, weil die Waffentechnik beträchtliche Fortschritte gemacht hatte. Geschütze und Gewehre trugen weiter als früher. (Einige alte Kanonen stehen im Garten des südlichen Hofes.) Die taktischen Erwägungen konzentrierten sich somit immer weniger auf das unmittelbare Vorfeld der Anlage, sondern sie schlossen auch die weitere Umgebung ein. Im Gegensatz zum Mittelalter rechnete man nicht mehr mit langen Belagerungen. Deshalb wurden Pechnasen, Gräben und Fallgitter kaum noch für wichtig gehalten und verfielen allmählich.

## Goethe wanderte

Das gleiche Schicksal teilten auch bald die großen Bauten. Zwischen dem 15. und dem 17. Jahrhundert wohnten die Fürsten des Hauses Wettin nur noch gelegentlich auf der Wartburg. Als Residenz entsprach sie nicht mehr dem aufwendigen Zeitgeschmack des Barocks und wurde daher allenfalls notdürftig instandgehalten. Auch die Zahl von Kunstwerken dieser Periode ist entsprechend klein. Im Bereich der Innenarchitektur handelt es sich hauptsächlich um das sogenannte Schweizerzimmer von 1682 mit einem prachtvollen Fayence-Ofen. Obwohl oder vielleicht gerade weil höfisches Leben auf der Wartburg kaum mehr stattfand, riß die Kette von Besuchern nicht ab. Der Überlieferung zufolge gehörte sogar der russische Zar Peter I. dazu. Während einer seiner Westeuropareisen soll er Ende des 17. Jahrhunderts die Lutherstube besichtigt und dann in ein ausliegendes Gästebuch geschrieben haben: »Die Sache ist unwahrscheinlich - die Tinte ist mir zu neu.« So jedenfalls lautet eine Abschrift, die im Archiv von Dresden aufbewahrt wird.

Trotz der großen und immer weiter zunehmenden Popularität der Wartburg als »Denkmal des deutschen Altertums«, wie es in zeitgenössischen Regierungsakten hieß, wurden lange Zeit keine Überlegungen angestellt, auf welche Weise

*1777 verbrachte Johann Wolfgang von Goethe einen Herbstmonat auf der Burg. In einem Brief an Charlotte von Stein schilderte er den Anblick, »wie der Schatten des Schloßbergs und des Schlosses unten alles finster hält... und das weite Thüringen hinterwärts im Dämmer sich dem Himmel mischt.« Er wanderte, und er zeichnete auch die obige Gesamtansicht.*

der Komplex in Zukunft genutzt werden könnte. Das änderte sich erst mit der Ankunft Goethes in Eisenach am 6. September 1777. Die Burg war damals bereits seit über drei Jahrzehnten im Besitz der Herzöge von Sachsen-Weimar. Auch sie vermochten den baulichen Niedergang nicht aufzuhalten. Als Goethe am 13. September 1777 in das Ritterhaus auf dem Berge einzog (sein Zimmer im Stadtschloß hatte ihm mißfallen, weil es nach »hintenheraus« lag), fand er fast alle Gebäude in sehr schlechtem Zustand vor. Aber in einem Brief an Charlotte von Stein lobte er noch am gleichen Abend wenigstens den Anblick »wie der Schatten des Schloßbergs und des Schlosses unten alles finster hält... und das weite Thüringen hinterwärts im Dämmer sich dem Himmel mischt.« In den folgenden Wochen unternahm der Geheimrat zahlreiche Wanderungen, und er dokumentierte mit einer Reihe von Zeichnungen die Lage fast aller Häuser auf dem Gipfel. Dadurch konnte später festgestellt werden, daß zwischen Palas und östlichem Wehrgang ein Bau aus dem 14. Jahrhundert stand, der vermutlich zu den ältesten deutschen Fachwerkhäusern überhaupt gehörte. 1793 erfolgte der Abriß.

Gleichwohl war Goethes Verhältnis zur Wartburg nicht besonders innig. Am 9. Oktober reiste er wieder ab, und erst Jahrzehnte später entstand ein Gedicht, in dem die Lage der Bastion schwärmerisch beschrieben wird: »Und mit hohem Wald umzogen/ Und mit Ritterschloß gekrönet,/ Lenkt sich hin des Gipfels Bogen,/ Bis er sich dem Tal versöhnet.« Wichtiger als seine künstlerische Äußerung war aber schließlich der von dem Dichter 1816 unterbreitete Vorschlag, historische Ausstellungsstücke »zu zweckmäßiger Verzierung des Lokals« auf die Wartburg zu bringen. Offenbar ging es ihm dabei zunächst nicht nur um Auswahl und Erwerb geeigneter Werke, sondern die Anlage selbst sollte überhaupt erst einmal für die Aufnahme von Kunstgegenständen vorbereitet werden. Das freilich hätte umfangreiche Reparaturen und entsprechende Geldmittel erfordert. Aber die herzöglichen Kassen waren leer, auch zahlungskräftige Förderer ließen sich kaum finden. Deutschland litt noch unter den wirtschaftlichen Folgen der Napoleonischen Besetzung und der Befreiungskriege.

## Aufzug der Studenten

Aber die Erinnerung an den Sieg über die französische Fremdherrschaft hatte das Nationalbewußtsein gestärkt. Bereits am 18. Oktober 1814 versammelte sich auf der Schanze der Wartburg eine größere Menschenmenge, um den ersten Jahrestag der Völkerschlacht bei Leipzig zu begehen. Am Abend entzündete man ein großes Feuer und ehrte die Gefallenen. Die Zeremonie war von stillem, vergleichsweise bescheidenem Charakter. Anders verhielt es sich drei Jahre später. 1817 wurde das dreihundertjährige Jubiläum der Reformation in Deutschland gefeiert. Naturgemäß stand der Ort von Luthers Bibelübersetzung im Mittelpunkt des Interesses. Diesmal jedoch sollte dort zugleich auch des vierten Jahrestages von Leipzig gedacht werden. Die Burschenschaften aus Jena, erste Gründung ihrer Art, hatten deshalb Studenten zahlreicher deutscher Universitäten auf die Thüringer Burg eingeladen.

Zwar ahnte man im Großbritannisch-Hannöverschen Kabinettsministerium, daß wohl ein ziemlich aufrührerisches Treiben zu erwarten war und versuchte, das Ganze noch per Ordre zu unterbinden. Aber das Hausrecht auf der Wartburg hatte der Großherzog von Sachen-Weimar, Carl August. Und der stimmte dem Treffen zu.

So kamen schließlich am 17. Oktober 1817 rund fünfhundert Studenten in Eisenach an, die, wie Zeitzeugen berichten, in der Nacht die Einwohner durch lauten Gesang und Rufe wie »Ehre, Freiheit, Vaterland« aus den Betten aufschreckten. Am Morgen des nächsten Tages läuteten in der ganzen Stadt die Kirchenglocken. Um acht Uhr versammelte man sich auf dem Marktplatz, bildete eine Zweierreihe, um dann in langem Zug zur Burg hinaufzusteigen. Der eindrucksvolle Marsch, er soll etwa zwei Stunden gedauert haben, ist in einem zeitgenössischen Stich festgehalten.

Oben angelangt, zogen die Studenten in den Rittersaal des Palas. Heinrich Riemann, ein Kommilitone aus Jena, hielt die Festrede. Von den »schönen Hoffnungen«, die das deutsche Volk noch wenige Jahre zuvor hatte, sprach er, und auch davon, wie sie »alle vereitelt« worden waren. Sein leidenschaftlicher Aufruf an »alle Brüder, alle Söhne ein und desselben Vaterlandes, eine eherne Mauer« zu bilden gegen die Feinde eben eines solchen Vaterlandes, wurde mit feierlichem Ernst begrüßt. Viele Zuhörer hatten selbst als Freiwillige am Kampf gegen Napoleon teilgenommen, und waren nun enttäuscht darüber, daß die noch immer bestehende Kleinstaaterei eine Demokratisierung Deutschlands behinderte. In einer ganzen Reihe von Beschlüssen (die allerdings erst nach dem Wartburgfest ausgearbeitet wurden) verlangten die Studenten daher, daß unter anderem die Leibeigenschaft aufzuheben sei und »das Gesetz des Volkes« als »Wille des Fürsten« zu gelten habe.

Am Abend des 18. Oktober wurde dann auf der Wartburg wieder das traditionelle Feuer entzündet, die Mehrheit der Festteilnehmer befand sich zu diesem Zeitpunkt bereits wieder unten in der Stadt. Es war folglich nur eine kleine Gruppe, welche, von radikalen Rednern angespornt, auf die Idee kam, besonders verhaßte Symbole der körperlichen und geistigen Gängelung in die Flammen zu werfen. Ein preußischer Ulanenschnürrock gehörte ebenso dazu wie der gefürchtete Korporalsstock und ein Perückenzopf. Unter dem Beifall der Umstehenden folgte auch eine Reihe von Büchern, zum Beispiel August von Kotzebues »Deutsche Geschichte«. Leider ließen es die Studenten in der Erregung des Abends an Besonnenheit fehlen: Sie verbrannten kurzerhand auch den Code Napoléon und damit ein durchaus modernes bürgerliches Gesetzeswerk, das als Grundlage der Zivilrechtsprechung bis ins 20. Jahrhundert hinein bedeutsam blieb. Vor allem das Geschehen in dieser Nacht lieferte denn auch den Vorwand für eine Vielzahl von nachfolgenden Sanktionen gegen die junge Demokratiebewegung in Deutschland. Die Burschenschaften wurden zwei Jahre später ganz verboten.

Trotzdem fand das Anliegen des Wartburgfestes, sein Aufruf zur nationalen Einheit, große Verbreitung. Er gehörte zu den Vorzeichen, mit denen die Revolution von 1848 sich ankündigte. Bemerkenswert ist in diesem Zusammenhang, daß die Ereignisse zu Eisenach bis heute auch die offizielle Symbolik des Staates prägen: Im Festsaal der Wartburg ist eine Fahne ausgestellt, wie sie von den Studenten 1817 in ihrem Zug mitgeführt wurde. Sie zeigt ein rot-schwarzrotes Streifenmuster, das von einer goldenen Borte eingefaßt wird. Jene Kombination aus Schwarz, Rot und Gold, die heutigen Nationalfarben Deutschlands, wurde hier erstmals auf einem Tuch zusammengefügt und öffentlich gezeigt. Die Studenten griffen damit auf die alten Uniformen der Lützowschen Freischar aus den Tagen ihres Kampfes gegen Napoleon zurück. Historisch gesehen mag man dies nur für ein weiteres von so vielen Sinnbildern halten, die sich mit der Feste verbinden. Aber neu war unbestritten der nationale Gesichtspunkt. Die

*»Die Burschenfahrt auf die Wartburg am 18ten Octobr. 1817«: Knapp drei Jahrhunderte nach Luthers Bibelübersetzung wurde die Wartburg erneut zur »deutschen Schicksalsburg«. Studenten, in der Burschenschaft organisiert, zogen zum 300. Jahrestag der Reformation auf die Festung, um für Demokratie und Ein heit zu demonstrieren. Ihre Fahne trug die Farben Schwarz und Rot und war mit Gold abgesetzt. Zeitgenössischer Stahlstich.*

Wartburg galt fortan als Denkmal aller patriotisch gesinnten Deutschen. Während einst der Sängerkrieg künstlerischen Charakter hatte und später Luthers Wirken neue Anstöße für die religiöse und geistesgeschichtliche Entwicklung brachte, kam nun noch ein politisches Ereignis hinzu. Die Gründe für eine sachgemäße Erhaltung der Anlage wurden also immer vielfältiger.

## Die Burg wird zum Museum

Den entscheidenden Anstoß für einen gründlichen Umbau gab 1838 die Großherzogin Maria Pawlowna. Sie stiftete nicht nur mehrere Gemälde aus eigenem Besitz für das zukünftige Museum, sondern sie hielt auch ihren Sohn Carl Alexander als Burgherren dazu an, eine völlig neue Denkmalskonzeption entwickeln zu lassen. Diesen Auftrag übernahm der damalige Konservator preußischer Kunstdenkmäler von Quast.
Ab 1838 vollzogen sich dann bereits alle Aktivitäten gleichzeitig: Die Bauarbeiter begannen mit dem Sichern der ältesten Gebäude, der Herzog ließ geeignete Ausstellungsstücke aufkaufen, und von Quast bereitete seinen Gesamtentwurf vor. Den lehnte jedoch ein Sachverständigengremium als zu schwülstig ab. So ging die Planung schließlich auf den Architekten Hugo von Ritgen aus Gießen über, der die Umgestaltung bis 1889 leitete. Während des 19. Jahrhunderts herrschte eine romantische Denkmalsauffassung vor. Sie beruhte auf einer gewissen Verklärung des Geschichtsbildes und bevorzugte den verspielten Neubau (man denke etwa an Neuschwanstein) gegenüber der historisch getreuen Rekonstruktion. Deshalb bestand auch im Falle der Wartburg die besondere Gefahr, daß die verbliebene Originalsubstanz durch radikale Eingriffe Schaden nehmen könnte. Es war nicht mehr allzu vieles erhalten, aber das Grundmuster der Bebauung ließ sich noch erkennen. Ansonsten befand sich die Anlage in einem trostlosen Zustand. Über der Schanze war die gesamte Befestigung wegen Einsturzgefahr abgetragen worden. Den Schutt hatte man einfach gleichmäßig im hinteren Hof verteilt, wodurch dessen Niveau so weit anstieg, daß beispielsweise beim Palas das Erdgeschoß plötzlich tiefer lag. Von den romanischen Bogengängen des Landgrafenhauses zeichneten sich damals nur noch die Umrisse ab. All die kunstvollen Durchbrüche in der Hoffront waren zugemauert. Bis zum Jahre 1853 wurde jedoch die ursprüngliche Form wiederhergestellt.
Anders beim Bergfried: Hier erfolgte direkt nach Abschluß der Arbeiten am Palas ein Neubau. Dieser den Mittelteil der Burg beherrschende Turm mit dem Kreuz auf der Spitze steht auf den Grundmauern seines Vorgängers. Es ist überhaupt das Verdienst des Architekten von Ritgen, daß der alte Lageplan unverändert blieb und damit die über Jahrhunderte gewachsenen Strukturen und Dimensionen der Wartburg noch immer nachvollziehbar sind. Dennoch muß der Besucher unserer Tage wissen, daß viele Gebäude der Anlage, die alt wirken, erst vor etwa einhundertdreißig Jahren errichtet wurden. Das betrifft den Torbereich ebenso wie die Neue Kemenate und das Gadem im südlichen Hof.

## Künstler ziehen auf die Burg

Für die innere Ausgestaltung wurden namhafte Künstler verpflichtet. Der bedeutendste unter ihnen war Moritz von Schwind (1804-1871). In den Werken dieses bereits zu Lebzeiten sehr populären österreichischen Malers drückt sich das Konzept des Historismus deutlich aus. Man wollte dort mit »Phantasie ... ergänzen und ausschmücken« (Hugo von Ritgen), wo die verläßliche Überlieferung fehlte. Das Prinzip ist von der modernen Denkmalpflege längst verworfen worden, dennoch sind Schwinds Arbeiten über den wechselnden Zeitgeschmack hinweg von kunstgeschichtlichem Wert. Von 1854 bis 1855 schuf er auf der Wartburg mehrere große Fresken: Im Landgrafenzimmer, im Sängersaal und in der Elisabethgalerie des Palas. In ihnen reflektierte er Episoden aus der Geschichte der Burg, die von der Gründung bis zu den »sieben Taten der Barmherzigkeit« der Heiligen Elisabeth reichen. Das größte Werk, wenn auch nicht das künstlerisch überzeugendste, ist seine Darstellung des Sängerkrieges. Zusammen mit dem Einbau der sogenannten Sängerlaube unterstrich dieses Wandgemälde den musealen Charakter des historischen Saales. Eine technische Besonderheit Schwinds bestand darin, daß er bei seinen Fresken die Farben nicht mit Kalk mischte, sondern wie beim Aquarellieren den Untergrund befeuchtete. Dadurch erzielte er eine größere Haltbarkeit, und die Leuchtkraft des Bildes erhöhte sich beträchtlich. Der Reiz seiner Arbeiten auf der Wartburg besteht aber darüber hinaus in ihrer märchenhaften Motivgestaltung. Schwind entfaltete hier eine große Vielfalt von Details, die seine Beliebtheit als 'Erzähler unter den Malern' erklärt.

Die Burg bot in der zweiten Hälfte des 19. Jahrhunderts wieder ein geschlossenes Erscheinungsbild. Als kunstgeschichtliche Einheit konnte sie natürlich schon seit langem nicht mehr gelten, und auch die architektonische Wiederherstellung trug von Anfang an Kompromißcharakter. Dessen war man sich allerdings auch bei der Einrichtung des Museums schon unter Fürst Carl Alexander bewußt. Die von ihm gesammelten Exponate wurden danach ausgesucht, ob sie auch zur Restaurierung paßten. Und dabei bewies er durchaus eine glückliche Hand. Jedoch blieb das Ganze noch immer eine private Unternehmung. Die Besichtigung der zusammengetragenen Werke durch jeden Interessenten war nicht möglich. Statt dessen reiste aber damals eine große Zahl von namhaften Künstlern zur Wartburg. Ganz im Sinne eines klassischen Mäzens versuchte Carl Alexander mit entsprechenden Einladungen, sowohl dem Ruf des historischen Ortes gerecht zu werden als auch die Bedeutung seines Herzogtums würdigen zu lassen.

Beispielhaft steht dafür der Thüringer Ludwig Bechstein (1801-1860). Er war Schriftsteller, Archivar und Hofrat. Im Auftrage Carl Alexanders sammelte er alle Sagen über die Burg, außerdem stammen einige Ausstellungsstücke von ihm. Letztere steuerte Bechstein freilich recht ungern bei, wie ein nörgelnder Briefwechsel mit seinem Brotherrn und Duzfreund belegt. 1857 empfing der Großherzog erstmals den Dichter Joseph Victor von Scheffel (1826-1886), als dieser die Eisenacher Feste besuchte. Zwei Jahre zuvor war dessen Roman »Ekkehard« erschienen, in dem unter anderem Milieuschilderungen der Bodenseeregion eingearbeitet wurden. Carl Alexander schwebte etwas ähnlich Erfolgreiches über sein Land vor, und er schlug deshalb dem Dichter vor, einen Wartburg-Roman zu schreiben. Der Gast willigte ein. 1858 ließ er dem Burghauptmann Arnswald ausrichten, daß er »im Stillen und ganz leise aber täglich mit der Wartburg beschäftigt« sei. Noch mehr habe er »über den Plan und die Figuren nachgedacht«, daraus werde »wohl einmal eine schöne Wartburggeschichte vom Sängerkrieg«. Ein Jahr später nahm Scheffel dann Quartier in einem Gartenhaus am Berg, um dort besser studieren zu können. 1865 akzeptierte er eine Stelle als Weimarscher Hofrat, aber der Roman kam über den Entwurf nicht hinaus.

## Wagner triumphierte

Erheblich erfolgreicher war eine Umsetzung des Stoffes für das Musiktheater. Schon 1841 hatte er den Komponisten Richard Wagner inspiriert. Zwei Jahre lang schrieb er an der Oper »Tannhäuser oder der Sängerkrieg auf der Wartburg«, die seiner Vorliebe für mythologische und sagenhafte Themen ganz besonders entsprach. Wagner stellte allerdings nicht den historischen Eklat um die Huldigung für den Landesherrn in den Mittelpunkt, es ging ihm um einen Streit über die Liebe. 1845 gelangte die Oper in Dresden zur Uraufführung, aber auch danach bemühte sich ihr Schöpfer immer noch weiter um eine vollendete Ausformung des Stoffes, zeitweilig sogar als Ballett. Der »Tannhäuser« wurde als romantisches Werk seinerzeit schnell populär, und er brachte die Wartburg als Schauplatz auch auf die Musikbühnen Deutschlands. Einzelne Motive, wie zum Beispiel der »Einzug der Gäste«, sind im Laufe der Zeit so populär geworden, daß sie heute selbst außerhalb der Opernhäuser bei Konzerten als Einzelstücke zum Repertoire gehören.
1867 jährte sich die Gründung der Wartburg zum achthundertsten Male. Das Ereignis wurde im Festsaal des Palas mit einer großen Feier begangen. Sie ist vor allem deshalb bemerkenswert, weil Franz Liszt die musikalische Umrahmung übernommen hatte. Er hatte von 1849 bis 1861 in Weimar die Stelle des Hofkapellmeisters bekleidet und war insofern dem Thüringer Land besonders verbunden. Er führte ein Oratorium auf, das, ähnlich wie bei seinem Musikerkollegen und Schwiegersohn Wagner, eine der berühmten Sagen des Ortes zum Gegenstand hatte: »Die Legende der heiligen Elisabeth«.
Zu den regelmäßigen Besuchern der Burg gehörte noch ein aus Norddeutschland zugewanderter Dichter: Fritz Reuter bewohnte seit 1863 eine Etage im sogenannten Schweizerhaus, das am Fuße des Schloßberges liegt und damals Eigentum von Baurat Dittmar war. Begeistert schilderte Reuter einem Freund brieflich die Aussicht auf den »wunderschönen Wald, der sich bis zur Wartburg hinaufzieht«. Auch das Haus selbst lobte er in den höchsten Tönen. »Die Dekoration« sei »in einem Geschmacke, wie sich das von dem Besitzer, der die Restauration der Wartburg besorgt, erwarten läßt.« Obwohl Reuter ursprünglich nicht länger als zwei Jahre zu bleiben beabsichtigt hatte, kaufte er 1866 ein eigenes Grundstück und ließ es mit einer Villa bebauen. Dort schrieb er unter anderem »Dorchläuchting« und »De Reis nach Konstantinopel«. Es sprach sich schnell herum, daß der große niederdeutsche Dichter endgültig seinen Wohnsitz in Thüringen genommen hatte. Freunde und Kollegen gaben sich im Haus am Helltal gewissermaßen die Klinke in die Hand. Mit etlichen Gästen unternahm Reuter, der als Jenaer Burschenschafter sieben Jahre im Gefängnis gewesen war, Rundgänge durch die Wartburg, zu ihnen zählten Hans Christian Andersen, Karl Gutzkow und Theodor Fontane. Noch heute erinnert manches in Eisenach an den Mecklenburger. In seinem Haus am »Reuterweg 2« wurde eine Gedenkstätte eingerichtet, und auf seinem Grab auf dem Neuen Friedhof an der Mühlhäuser Straße finden sich gelegentlich Blumen. Wer auf den Spuren des Mundartdichters am Wartburgberg entlangwandern möchte, ist mit Jürgen Borcherts Buch »Reuter in Eisenach« gut beraten. Dieser Führer ist ein Beleg dafür, wie sogar noch die weitere Umgebung der geschichtsträchtigen Wehranlage inspirierend wirkt.
Insgesamt hat sich eine beträchtliche Zahl von Autoren mit Themen der Wartburg befaßt. Den Höhepunkt dieser literarischen Reflexion markieren die Romantiker des 19. Jahrhunderts. Zum Sängerkrieg etwa existieren Arbeiten so

*Die sagenträchtige »Königin deutscher Burgen«, wie die heraufziehenden Patiroten die Wartburg nannten, wurde zum Nationaldenkmal und zum Museum. Mit dem Ausbau begann der Burgherr Carl Alexander von Sachsen-Weimar-Eisenach 1838. - Blick über den Burghof nach Süden: links der Palas, rechts Gadem und Südturm, in der Mitte Zisterne und Zinnen. Stich aus der Mitte des 19. Jahrhunderts.*

bedeutender Verfasser wie Joseph von Eichendorff, Heinrich Heine, E.T.A. Hoffmann und Ludwig Uhland. Die Wartburg selbst wurde immer mehr als »Gesamtkunstwerk« angesehen, ein Begriff, den Richard Wagner prägte. Man bemühte sich um die möglichst komplexe Erhaltung, aber es traten doch bald auch Schwierigkeiten auf. Die Fresken Moritz von Schwinds beispielsweise zeigten, obwohl sie eigentlich besonders haltbar sein sollten, schon wenige Jahre nach ihrer Fertigstellung Risse. Mehr noch - Teile des Putzuntergrundes lösten sich von der Wand, so daß eine Restaurierung unumgänglich wurde. Die ungünstigen Witterungsbedingungen auf dem Berg und die noch immer mangelhafte Klimatisierung der Räume förderten den Verfall. Auch an anderen Objekten wurde die Wiederinstandsetzung für Jahrzehnte zum Dauerzustand. Die bauliche Vervollkommnung hatte man ohnehin mit dem Jahre 1867 so weit abgeschlossen, daß bis zur heutigen Gestalt keine wesentlichen Veränderungen mehr eintraten. Damals entstand mit Dirnitz und Torhalle wieder die alte Trennung zwischen vorderem und hinterem Burghof. Architektonisch sind beide Gebäude allerdings nicht unumstritten.

Das 20. Jahrhundert brachte hinsichtlich der denkmalpflegerischen Probleme zunächst keine Besserung. Im Gegenteil, die Zuständigkeit war, wie so oft in Deutschland, Gegenstand heftiger Kontroversen. Und damit hing natürlich auch die Frage zusammen, woher das Geld für die notwendigen Reparaturen kommen sollte. In den Anfangsjahren der Weimarer Republik spitzte sich der Streit zwischen dem Großherzog zu Sachsen-Weimar-Eisenach und dem Land Thüringen dann derart zu, daß nur per Vertrag eine Einigung erzielt werden konnte. Auf diesem beruhte schließlich auch die Gründung der Wartburg-Stiftung im Jahre 1922. Ihr löblicher Zweck, nämlich Gelder zielgerichtet für die Instandhaltung einzusetzen, wurde nur teilweise verwirklicht, und sie reichten für grundlegende Sanierungsarbeiten nicht aus. Insbesondere beim Palas machte sich dieser Mangel sehr nachteilig bemerkbar. Außerdem gelang es nicht, die Innenausstattung komplett zu erhalten: Einige Erben des Großherzogs Carl Alexander hatten Museumsstücke aus der Burg entfernt und privat verkauft, um vom Erlös ihren Lebensunterhalt zu bestreiten.

## Die Wartburg im Dienst der Dogmen

Ein besonderer Abschnitt der Geschichte begann mit den dreißiger Jahren. Mehr als achteinhalb Jahrhunderte nach der Gründung sollte die Wartburg schließlich noch als Objekt der Staatspolitik mißbraucht werden. War sie bis dahin vor allem als Ort des Streites gegen herrschende Dogmen bekannt geworden, bediente sich nunmehr das herrschende Dogma ihrer selbst. Schon vor der sogenannten Machtübernahme waren die Nazis in Thüringen aktiver als anderswo. So nimmt es kaum wunder, daß vom Jahre 1934 an der NSDAP-Funktionär Sauckel die Eisenacher Stiftung als Vorsteher leitete. Er war es denn auch, der die pathetische Feier vorbereitete, mit der 1935 auf der Wartburg der Reichsarbeitsdienst gegründet wurde. Drei Jahre später kam es schließlich zum offenen Bruch zwischen Sauckel und der Stiftung. »Aus Freude« über den Anschluß Österreichs sollte aus den Kassen der letzteren eine große Summe gespendet werden. Aber die Herren in Thüringen weigerten sich, woraufhin die Stiftung kurzerhand aufgelöst wurde.

Der ideologische Anspruch, den die Nazis auf das geschichtliche deutsche Erbe erhoben, zeigte sich auch auf der Wartburg deutlich. Ausnahmslos alle Feiertage des Reiches und der NS-Bewegung wurden dort demonstrativ begangen. Die spektakulärste Aktion schlug jedoch fehl. 1938 ließ der Eisenacher Ortsgruppenleiter bei Nacht und Nebel das achtzig Jahre alte Lutherkreuz vom Bergpfad entfernen. Statt dessen wurde auf dem Turm ein großes Hakenkreuz installiert. Aber die daraufhin einsetzenden Proteste der Bevölkerung waren so heftig, daß man schon nach vier Tagen den ursprünglichen Zustand wieder herstellte. Der blieb bis 1944 erhalten, dann fiel das vergoldete Lutherkreuz doch noch dem Schweißbrenner zum Opfer. Der Öffentlichkeit gab man die abenteuerliche Begründung, ein englischer Jagdflieger habe es mit seiner Maschine beim Tiefflug in der Dunkelheit gerammt, und anschließend sei er selbst irgendwo in den umliegenden Wäldern abgestürzt. Bei dem Kreuz, das heute wieder auf dem Bergfried steht, handelt es sich um eine Neuanfertigung aus dem Jahre 1946. Sie entspricht in Größe und Form genau dem Original.

In den letzten Tagen des Zweiten Weltkrieges nahm die Wartburg glücklicherweise keinen größeren Schaden. Zwar vermuteten die heranrückenden Amerikaner, daß sich auf dem strategisch günstigen Gipfel deutsche Truppen verschanzt haben könnten. Deshalb beschossen sie die Burg auch für einige Zeit aus sicherer Entfernung. Aber die erwartete Gegenwehr blieb aus, statt dessen wurde eine weiße Fahne aufgezogen. Wie sich später herausstellte, hatte die Frau des Burgvogtes sie gehißt. Der alliierte Kommandeur soll daraufhin sogar persönlich auf der Burg vorstellig geworden sein, um sich für den unnötigen Angriff zu entschuldigen.

Trotz der allgemeinen Mangelwirtschaft, die dem Kriegsende folgte, begann man bald, Pläne für eine erneute Sanierung des deutschen Nationaldenkmals zu entwickeln. Gewiß bestand eine Absicht dieses Vorhabens auch darin, das sozialistische System in ein möglichst vorteilhaftes Licht zu setzen. Kaum ohne Grund hatte es schließlich gleich 1945 eine Wartburg-Feier unter der Leitung Johannes R. Bechers, des späteren Kulturministers der Deutschen Demokratischen Republik (DDR), gegeben. Unabhängig von der politischen Intention ist damals jedoch denkmalpflegerisch Bedeutsames geleistet worden. Ab 1952 galt die Aufmerksamkeit zunächst dem Palas. Es wurden Stahlbetondekken eingezogen, und die Räumlichkeiten erhielten ihre mittelalterliche Gestalt zurück. Als Grundlage der historisch getreuen Wiederherstellung dienten alte Beschreibungen und Zeichnungen, die sich mitunter sogar noch in den Beständen der Burg befanden. Nach dem Palas folgte die Vorburg: Dort wurden die vielen Fachwerkteile erneuert und frische Putzverkleidungen aufgebracht. Bei ausnahmslos allen Gebäuden machten sich Dachreparaturen erforderlich, in etlichen Fällen mußte völlig neu eingedeckt werden. Dirnitz und Zisterne wurden überdies architektonisch etwas umgestaltet. Das Gadem kam wenigstens teilweise wieder zu seiner alten Funktion als Gästehaus, denn in seiner unteren Etage wurde ein Besuchercafé eingerichtet. Insgesamt dauerten die Restaurierungsarbeiten vierzehn Jahre. Ihrer sorgfältigen Durchführung ist es letztlich zu danken, daß sich die Wartburg heute, im Gegensatz zu so vielen anderen historischen Gebäuden der Region, in außergewöhnlich gutem Zustand befindet. Ein wirklicher Schlußpunkt wird bei den Anstrengungen zu ihrer Pflege und Erhaltung natürlich nie zu setzen sein. So zog sich beispielsweise die Rettung der von völligem Zerfall bedrohten Schwind-Fresken erheblich länger hin als die Sanierung der Gebäude. Der Aufwand hat sich jedoch gelohnt. Dank der Arbeit internationaler Expertenteams verfügen die großen Bilder heute sogar wieder über ihre

*»Wart, Berg, du sollst mir eine Burg werden!« Mit diesem Ausruf schmückt die Sage die Gründung durch Ludwig den Springer aus. Unbestritten ist bei den Historikern das Jahr: 1067. Auf dem 400 Meter hohen Gipfel existierte vorher bereits eine Warte an der Viaregia. - Blick von Norden auf die schmale Front des langgestreckten Bergplateaus mit Südturm und Palas.*

alte Leuchtkraft. Für die Besucher war aber noch ein anderes Ereignis von Bedeutung. 1965 wurde nämlich das Wartburg-Museum eröffnet, dessen Räume sowohl einen Einblick in den Sammlungsbestand geben als auch die Geschichte der Burg mit Hilfe entsprechender Kunstwerke dokumentieren. All die intensiven Bemühungen hingen nicht zuletzt mit dem sogenannten »Jahr der nationalen Jubiläen« zusammen. 1967 sollte sich die Anlage in bestmöglicher Verfassung präsentieren, denn es galt gleichzeitig den 900. Jahrestag der Burg, das 450. Jubiläum der Reformation und die 150. Wiederkehr des Wartburgfestes zu begehen. Auf der Feier im Palas sprachen einige hohe Funktionäre der DDR, wobei bald deutlich wurde, daß aus den von ihnen hier reklamierten »fortschrittlichen Traditionen der deutschen Geschichte« nur eine neue DDR-Nationalität abgeleitet werden sollte. Ähnlich verhielt es sich mit dem unter großem Aufwand in Szene gesetzten 500. Geburtstag von Martin Luther im Jahre 1983. Die Schirmherrschaft dieser Feier hatte der Staatschef Honecker selbst inne. Alles in allem zeigt die Jubiläumssucht nicht nur, daß ein Denkmal stets der Gefahr tagespolitischer Fehldeutung ausgesetzt ist. Viel mehr noch scheint sich im übertriebenen Drang zum Feiern vergangener Ereignisse der eigene geschichtliche Zweifel, die Furcht vor historischer Bedeutungslosigkeit zu äußern. In diesem Sinn war für die Wartburg eigentlich keiner der vielen Gedenktage wichtig.

Ein anderer Vorgang erwies sich als weitaus bedeutsamer: Die Öffnung der Mauer im November 1989 gab der Wartburg ihre Denkmalsfunktion für ganz Deutschland zurück. Befand sie sich zuvor nur wenige Kilometer von Todesstreifen und Stacheldraht entfernt in einer regelrechten Randposition, so lag sie nun plötzlich wieder mitten im Lande. Zu den Hunderttausenden von Besuchern aus Ostdeutschland gesellten sich gleichsam über Nacht ebensoviele aus dem Westen. Besonders den Bewohnern der Thüringer Nachbarländer Hessen und Bayern bietet sich hier ein lohnendes Ziel für Tagesausflüge. Allerdings ist die Infrastruktur der Stadt Eisenach mit ihren 50000 Einwohnern dem Ansturm immer weniger gewachsen. Vor allem an den Wochenenden kommt es schon auf der Autobahn zu kilometerlangen Staus, die sich durch den gesamten Ort bis an die Bergstraße zur Burg hinziehen. Längst ist die Auffahrt mit dem eigenen Wagen untersagt, man muß sich einem der privaten Zubringerbusse anvertrauen. Wer die Abgeschiedenheit aus Luthers Zeiten sucht, hat keine Chance - die Burg quillt förmlich über vor Menschen.

Die vielleicht einzige Möglichkeit für den wirklich interessierten Reisenden auf klassischen Pfaden besteht darin, ein Zimmer im »Hotel auf der Wartburg« zu reservieren. Es liegt direkt vor dem Burgeingang auf der alten Schanze und paßt stilistisch zu den Umbauten des 19. Jahrhunderts. Von den Außenzimmern bietet sich ein sehr schöner Talblick. Abends, wenn alle Schnellbesucher schon wieder den Berg hinuntergestiegen sind, hat man die Wartburg noch fast für sich allein. Auf dem Berg herrscht dann eine wunderbare Ruhe. Und wer ausreichend Phantasie mitbringt, kann sich vorstellen, daß diese Ruhe das Einzige ist, was im nunmehr schon zehnten Jahrhundert der Wartburg wenigstens manchmal noch genauso ist wie am Anfang.

*Die Ostfront der Burg ist reich gegliedert, befinden sich hier doch die wichtigsten Bauwerke, wie Palas (von links nach rechts), Neues Treppenhaus, Neue Kemenate (mit Erker), Bergfried und der lange Fachwerkbau des Östlichen Wehrgangs, über dem sich die Dirnitz erhebt. In der Dirnitz, dem Rüstsaal, wurde das Wartburg-Museum eingerichtet.*

*Obwohl die Wartburg als »Denkmal des deutschen Altertums« schon im 18. Jahrhundert in den herzoglichen Sachsen-Weimar'schen Akten geführt wurde, verfiel die Anlage immer mehr. Das änderte sich zwar durch Goethes Einfluß. Aber das Torhaus auf der Schanze, das er als Achtundzwanzigjähriger zeichnete, mußte wegen Einsturzgefahr abgerissen werden. Doch als Minister wurde Goethe später der Vater der Kunstsammlungen. Daß die Erhaltung und Sicherung schöner alter Bauelemente ein ganzes Ensemble aufzuwerten vermag, beweist der an der Vogtei angefügte Erker: Er stammt aus Nürnberg und ist hier vollkommen heimisch geworden.*

*Burgfrieden: General Winter ist in den Vorhof eingedrungen, aber seine Kräfte schwinden bereits. Auf dem Gesims unter dem Erker sonnen sich die Friedenstauben. Dort in der Vogtei*

*hatte der Junker Jörg alias Dr. Martin Luther Quartier genommen, »im Bereich der Vögel«. Er nannte diese Zuflucht »meine Wüste«, »meine Einsiedelei« und dichterisch »mein Patmos«. Von all dem verspürt auch der heutige Besucher einen Hauch, wenn er in der stillen Jahreszeit den Weg herauffindet. - Hinter der Vogtei schließt sich das Torhaus an. Zu den beiden Gebäuden stößt von rechts der Östliche Wehrgang. - Das Tympanonrelief gehört zu den geheimnisträchtigen Steinen, auf denen eine Burg gründet, die sie festigen und die sie mit Abwehrkräften umgeben. Unterliegt hier der gute Reichsritter im Kampf gegen das Böse? Noch bewahrt der Stein sein Rätsel.*

*Herzstück einer mittelalterlichen Burganlage war der Palas, das Wohnhaus der burgherrschaftlichen Familie. Die Landgrafen Ludwig III. und Hermann I. hatten auf ihren Ritterfahrten Frankreich kennengelernt und waren offensichtlich von dessen höfischer Kultur beeindruckt. Ihr Palas auf der Wartburg zählt zu den bedeutendsten spätromanischen Profanarchitekturen Deutschlands. Der Baubeginn wird auf 1170 datiert, ursprünglich waren nur zwei Stockwerke vorgesehen, doch gerade das dritte Geschoß verleiht dem Bau einen monumentalen, aber auch festlichen Charakter. Die Arkaden des unteren Palas lassen eine Verbindung zur römischen Portikusvilla erkennen. Als Schmuckelemente verdienen die Säulenkapitelle eine besondere Erwähnung, die, so wird angenommen, Arbeiten niederrheinischer Meister sind. Das*

*Doppelkapitell (oben) aus der Erdgeschoßarkade steht noch ganz in der Tradition der Romanik, architektonische Gliederung und schmückende Funktion miteinander zu vereinen. Der Künstler wollte den bösen Mächten keinen Raum zur Entfaltung lassen.*

*Mochte die Fassade des Palas auch die ideale festliche Kulisse für Ritterspiele und feudale Geselligkeit bieten, von der Wehrhaftigkeit des Bauwerks überzeugt ein Blick in die Arkaden des Erdgeschosses. In Kriegen wurde sie allerdings nie auf die harte Probe gestellt. Die Rüstung mit dem geätzten Prinzenharnisch gehört zum Burgbesitz; sie wurde in Augsburg um 1600 gefertigt. Einen Eindruck von höfischem Glanz vermittelt der Festsaal (Seite 34/35) im zweiten Stock des Palas, der dem Vorbild der germanischen Königshalle verpflichtet ist. Die Dekoration entspricht jedoch Wunschvorstellungen vom Mittelalter, wie sie das 19. Jahrhundert pflegte. Nach Entwürfen von Hugo von Ritgen entstanden Tapisserien und Möbel; die Malereien stammen von Michael Welter, die Figuren schnitzten Knoll und Seltmann. - Rechts im Bild das Banner der Burschenschaft von 1817 mit den Farben Schwarz, Rot und Gold.*

*Der Spiritus rector der Burg wie des Festsaals, Hugo von Ritgen, umriß in dem Führer von 1863 seine Konzeption mit folgenden Worten: »Die Decke wird von sechzehn Hauptträgern gestützt und soll mit ihrer Bemalung ein Bild des Sternenhimmels mit seinen astralen Beziehungen zu den christlichen hohen Festen geben, während die ganze Entwicklung des Christentums bis zu den Kreuzzügen mittels in Holz geschnitzten figürlichen Schmucks veranschaulicht wird.« Hier wurden mit der Sehnsucht des angehenden bürgerlichen Zeitalters noch einmal die heroischen Tugenden des »Heiligen Römischen Reiches Deutscher Nation« dekorativ in Szene*

*gesetzt, mit dem Akzent auf »deutsch«. Oben eine engelhafte goldbezopfte Maid als Kapitell. Rechts der Nordgiebel des Festsaals mit den Stammvätern des thüringischen Landgrafengeschlechts und der hl. Elisabeth.*

Legem Tuam in medio cordis mei
XIX HERMAÑVS I XIX
Sitivit anima mea ad Deum fortem vivum
DEWICVS
SA ELISABETA

SOPHIA
HERMANN LANTGRAVIUS TVRINGIE

*Der »Hof zu Düringen« entwickelte sich unter Hermann I. (1190-1207) und seiner Gemahlin Sophia zu einem Zentrum des Minnesangs und der Wortkunst. Die Miniatur im sogenannten Landgrafenpsalter von 1211/13 stellt das kunstsinnige Herrscherpaar dar (links). In dem Sängersaal (unten) im ersten Stock des Palas soll der sagenhafte »Sängerkrieg« unter den berühmtesten Minnesängern 1206 und 1207 stattgefunden haben. Der Spätromantiker Moritz von Schwind schildert auf seinem Wandbild (Seite 40/41) die dramatische Szene, da die Landgräfin Sophia den vor ihr knienden Heinrich von Ofterdingen vor dem Tod gerettet: Er galt als Verlierer des Wettstreits.*

IN DIESEM SA
STREIT GEH
DEN GEBURTS

*Die Legende von der heiligen Elisabeth gestaltete Moritz von Schwind in einem anrührenden Zyklus von »teppichartig« angelegten Fresken in der Elisabeth-Galerie der Burg., die auch künstlerisch überdauerten. Er abstrahiert das Geschehen auf sechs Stationen im Leben und Tod der Landgräfin, von denen auf den folgenden Seiten vier wiedergegeben werden: In den sieben Medaillons der Barmherzigkeit (hier ein Beispiel) erschließt sich jedoch erst das Wesen der bedeutendsten Fürstin Thüringens, die als Witwe bereits im Alter von fünfundzwanzig Jahren starb. »Mit welch*

*innigem Empfinden und welcher Ehrfurcht hat Schwind die echte Frömmigkeit und den Adel dieser verehrungswürdigen Gestalt zur Anschauung gebracht!« So heißt es in dem Wartburg-Band von Werner Noth. Elisabeth ist auch die Caritas des romantischen Kunstmärchens.*

ELISABETH:KOMT:ALS:VIER
BRAUT:AUF:DIE:WARTBURG.

*Die Sage vom Rosenwunder*

*Abschied des Gatten , als dieser 1227 sich dem Kreuzzug anschließt.*

*Weggang Elisabeths mit ihren Kindern von der Wartburg.*

*Überführung der Heiligen in die Marburger Elisabeth-Kirche.*

*Die Elisabeth-Kemenate mit dem schönen romanischen Adlerkapitell im Erdgeschoß des Palas (s.a. Seite 50/51) wurde überreich mit Bildwerken, Wand- und Deckendekorationen in Glasmosaiktechnik ausgeschmückt. Die Entwürfe aus den Jahren 1902-06 stammen von August Oetkens. Sie sind gemäß dem Zeitgeist der Jahrhundertwende dem Historismus verpflichtet, der hier großzügige Anleihen bei der klassischen byzantinischen Mosaikenkunst des 12./13. Jahrhunderts im Sinn haben mochte. Obwohl die Freude am Ornament selbst die szenischen Darstellungen beherrscht, so sind sie doch auch erzählerisch reizvoll. Die Ankunft der Werber am ungarischen*

*Königshof schildert das Mosaik oben. Sie bitten um die Hand der vierjährigen Prinzessin für den nur wenige Jahre älteren zukünftigen Landgrafen von Thüringen. Elisabeth, das Kind, nimmt würdevoll zwischen ihren Eltern an dieser Zeremonie teil. Sie wird mit den Boten davonziehen. Mit vierzehn Jahren heiratete sie Ludwig IV., schenkte ihm mit fünfzehn den Stammhalter Hermann, sodann noch zwei Töchter. Das rechte Mosaik zeigt Elisabeth im trauten Familienidyll. Und wenn auch in dieser Szene die Sentimentalität der Gründerzeit anklingt - die Legende der Heiligen mochte es so erfordern. Die Historie allerdings zeichnete ein dunkleres Bild von Elisabeths Eheglück: Auch der Gemahl befand sich unter den Reitern, als »das Rosenwunder« geschah. Rosen habe sie im Gewand verborgen, nicht Brot für die Hungernden. Und die Kontrolleure fanden tatsächlich Rosen.*

SPONSALIA DE FVTVRO

*Die Kapelle im ersten Obergeschoß des Palas gehört schon von ihrer Funktion her zu den würdigsten Räumen der Burganlage. Obwohl ihr Charakter romanisch anmutet - was wesentlich auf die Fensterformen und die Kapitelle zurückzuführen ist -, so wurde sie doch erst um 1320 in den Palas eingebaut. Man nimmt an, daß die ursprüngliche Kapelle bei einem Brand des Bergfrieds 1317 oder 1318, dem mehrere Gebäude zum Opfer fielen, zerstört wurde. Im Palas nun wurde der Andachtsstätte Raum geschaffen, indem man den Sängersaal erheblich verkürzte. Sie war rundum farblich ausgestaltet worden, wie die von Restauratoren gesicherten Spuren*

*beweisen. Ein wertvoller Rest blieb mit dem Apostelbild in der Nähe des Altars erhalten (s.a. nächste Doppelseite). Eine besondere Bedeutung kommt dem Doppelkapitell mit den nackten Menschen in der Arkade der Südwand zu. Es wird das »Schlangenbändigerkapitell« (links) genannt, weil die Nackten auf den Leibern schlangenähnlicher Monstren hocken. Doch ist es fraglich, wer hier wen bändigt. Die Menschen scheinen vielmehr von den Ungeheuern, wie auf einem reißenden Strom schwimmend, fortgeführt zu werden. Die Forschung verweist auf ein vergleichbares Kapitell im Vorchor des Essener Münsters. Eine Verwandtschaft zwischen Steinmetzarbeiten auf der Wartburg und am Niederrhein, vor allem in Schwarzrheindorf bei Bonn, wurde schon vor einem halben Jahrhundert nachgewiesen.*

*Als man die Kapelle in den Palas einfügte, wurden statistische wie ästhetische Gesichtspunkte grob verletzt. Die Mittelsäule steht nicht mehr im Schnittpunkt des Gewölbes, und auch die Gewölbe selbst verhalten sich asymetrisch zu den Fenstern der Ost- und Südwand. Warum der Burgherr, Friedrich der Freidige aus dem Hause Wettin, all diese Mißlichkeiten in Kauf nahm, als er nach dem Brand auf den Wiederaufbau der alten Burgkapelle im Freigelände verzichtete und auch noch ein Drittel des stattlichen Sängersaales preisgab, ist unbekannt. Aber vielleicht sollte man hier den Faktor »Bequemlichkeit« höher veranschlagen. Die Kapelle muß mit ihrer*

*wahrscheinlich starkfarbigen Ausmalung (um 1320) wie ein Schrein gewirkt haben. Von all der Pracht blieb allein in einem Bogenfeld der Nordwand ein Fragment mit vermutlich sechs Aposteln erhalten. Nur der hl. Petrus gibt sich durch seinen Schlüssel zu erkennen.*

*Die Gründungssage gestaltete Moritz von Schwind 1845 in einem bewegten Zyklus, der das Landgrafenzimmer (rechts) als Fries umläuft. Er setzt die epischen Szenen buchstabengerecht in Malerei um. Da fehlen auch nicht die vielen Details der Grimm'schen Märchen, wenn Ludwig der Springer mit seinem Jagdgefolge aus dem Bergwald bricht und das Stichwort zur Gründung der Wart-Burg auf dem Wart-Berg gibt. Schwind nimmt das genau und läßt den Junggrafen exakt auf die Stelle deuten, wo sich der Palas - so darf man annehmen - erheben wird (Bild unten). Die Chronik folgte der Sage aus dem 15. Jahrhundert und bekundet gewissermaßen amtlich, »eyn*

*huss unde zwene bergfrede«. Die Wissenschaft ist heute allerdings weiter: Untersuchungen der Balkendecke im Speisesaal ergaben, daß die verarbeiteten Bäume um das Jahr 1168 gefällt wurden. Das Landgrafenzimmer befindet sich im Obergeschoß des Palas und wird in seinem Rang nicht nur durch die Stufen ausgewiesen, die zu ihm hinaufführen, sondern vor allem durch die prachtvollste mittelalterliche Säule der Wartburg: Sie trägt an Kopf und Fuß die hoheitsvollen Symbole Adler und Löwe. Alle anderen Dekorationen entstammen dem 19. Jahrhundert.*

*Der balkengedeckte Speisesaal gehört wie der gewölbte Rittersaal (folgende Doppelseite) zu den ältesten Räumen des Palas. Beide befinden sich im Erdgeschoß und sind durch eine stattliche tonnengewölbte Treppe, die nur ins Obergeschoß führt, getrennt. Bei den in den siebziger und achtziger Jahren unseres Jahrhunderts sorgfältig vorgenommenen Restaurierungsarbeiten ging es in beiden Räumen um ein möglichst originales Erscheinungsbild. Die roten Tür- und Fensterleibungen kontrastieren dekorativ festlich mit den schlichten weißen Wänden und der schwarzlasierten Decke. Gerade hier nehmen sich die wertvollen spätmittelalterlichen Objekte der Wartburg-*

*Sammlung daher wie in ihrer angestammten Umgebung aus. Der »Einhornteppich« an der rechten Wand wurde in Basel um 1450 gewebt (oben ein Ausschnitt). Nach der mittelalterlichen Tiersymbolik wurden Löwe und Hirsch als »Christus« gedeutet, das Einhorn stand für »Keuschheit«, der Greif für »List«. Bewundernswert ist die kosmisch wohlgeordnete Linienfülle, die wie mit einem einzigen Faden das Webbild zusammenhält, aber auch die sorgsam geschützte niedere Pflanzenwelt im Vordergrund sowie die gerüschte Wolkengardine des Himmels. Wie es in der Fabelwelt nicht anders sein kann, überbieten sich die Tiere an Ausdruckskraft.*

Der Rittersaal wirkt heldisch und spartanisch zugleich. Der Kamin, in der Form an den archaischen Topfhelm erinnernd, wurde auf Grund von Anhaltspunkten in dieser Weise rekonstruiert. Wände und Boden, nackt wie in Büßerzellen, lassen an die Frühzeit des Rittertums denken, als es sich auf den Burgen nur im Sommer erträglich leben ließ, gab es doch genügend Recken, die sich mit einer Strohschütte als Bett begnügen mußten. Doch gewiß war die Wartburg als Sitz eines Landgrafen - der nur dem König direkt unterstand - ein geradezu fürstliches Anwesen im Vergleich zu der Behausung unbegüterter Ritter. (»Daheim in meinem eigenen Haus/erlabt sich selten eine Maus«, reimte Wolfram von Eschenbach.) Den wahrhaft feudalen Charakter erhält der Raum durch die starke Säule mit dem Adlerkapitell (eine Kopie) und den aufstrebenden Gurtbögen, die hier in einem hellen Ocker getönt wurden. - Rechts im Bild eine

Rarität aus der Truhensammlung der Burg: eine Einbaumtruhe aus dem 13. Jahrhundert. Oben eine farbiggefaßte Truhe aus Südfrankreich vom Ende des 15. Jahrhunderts. Die Motive erinnern an spätgotische Kirchenfenster.

*Martin Luther hat alles in allem nur rund zehn Monate in seinem »Luftrevier« über Eisenach verbracht. Doch diese kurze Zeitspanne genügte, um gleichsam eine synonymische Verbindung zwischen seinem Namen und der Wartburg zu schaffen. Der Wormser Reichstag, die kaiserliche Fahndung nach ihm und sein »Untertauchen« hatten ihn zunächst entmutigt, doch dann wurde er rastlos tätig. Hier übersetzte er das Neue Testament um die Jahreswende 1521/22 in nur zehn Wochen. Die Verdeutschung der Heiligen Schrift war vielleicht die konsequenteste Handlung des Reformators, denn nun erst wurde es möglich, daß der »gemeine Mann«, wie*

*Luther es postulierte, allein durch die Bibel »gerecht werde«. Das aufstrebende Bürgertum, das sich vom Feudaladel zu emanzipieren hoffte, griff nach allem Lutherischen wie nach einem Freiheitssymbol. Der Augenblick, in dem Luther seine halb freiwillige Haft auf der Vogtei verließ, war bereits die Geburtsstunde des Wartburg-Mythos. - Der Blick durch die Tür fällt auf Luthers Schreibplatz. Auch die Mär von dem Tintenklecks an der Wand kann nicht unerwähnt bleiben. Durch das Ringen um die Sprache überreizt, soll Martin Luther mit dem Wurf seines Tintenfasses Beelzebub vertrieben haben: Grund genug, daß Generationen von Wartburg-Touristen sich ihr Tintenstück aus der Mauer brachen und sich selbst dort irgendwie verewigten. Oben ein Stich aus dem 19. Jahrhundert mit Tintenfleck und Graffiti.*

*Martin Luthers Schreibtisch in der Vogtei ist wieder so hergerichtet worden, wie es der ursprünglichen Anordnung entsprochen haben könnte. An der Wand hängen zwei kleine Porträts der Eltern, die der »liebe Gevatter Lucas« malte. Lucas Cranach d. Ä., fertigte auch den Holzschnitt des »Junker Jörg« (s.a. Seite 9), als der Luther in der Gefängnisakte geführt wurde. Der »Aquila-Löffel«, ein silbervergoldeter und reich gravierter Reiselöffel mit klappbarem Griff (um 1525), stellt gewis-sermaßen eine Reliquie der Reformation dar. Luther schenkte ihm dem Hu-manisten Johann Caspar Aquila, der ihn in der hebräischen Sprache beriet.*

Lucas Cranach d.Ä. war der erste Maler protestantischen Glaubens. In Wittenberg, wo er eine Werkstatt besaß, war er ein Freund Luthers geworden, und er ergriff mit Themen seiner Malerei entschieden Partei für die Sache der Reformation. So befinden sich in der Wartburg-Sammlung etwa Porträts von Martin Luther und aus seinem Umkreis. Zu diesen Persönlichkeiten gehörte auch Luthers Landsherr, Kurfürst Friedrich III. von Sachsen, genannt der Weise (er regierte von 1486-1525). Er war es, der Luther auf seiner Rückreise vom Wormser Reichstag gefangen nehmen und auf die Wartburg führen ließ. Das Porträt entstand 1566 in der Cranach-Werkstatt,

die Lucas Cranach d.J. nach dem Tod seines Vaters führte. Es war üblich, daß einmal vorhandene Skizzen oder Originale als Vorlagen zu Wiederholungen oder Varianten dienten. Ein vergleichbares Porträt des stets bedächtig blickenden Friedrich des Weisen von der Hand des Vaters aus dem Jahr 1519/20 besitzt beispielsweise das Züricher Kunsthaus. Das Bildnis »Junge Mutter mit Kind« von Lucas Cranach d.Ä. (etwa 1525) steht zwar in der Tradition der Madonnenbilder, aber die Dargestellten sind ganz und gar diesseitige Wesen, denen nichts Frommes anhaftet. Die Schönheit der Frau wie der Welt im Hintergrund zeugen von der Lust des malerischen Fabulierens.

*Die Wartburg-Sammlung besitzt einige exorbitante Plastiken sowie kunsthandwerkliche Arbeiten in Holz mit dem Schwerpunkt um 1500. Der »Dürerschrank« (süddeutsch, nach 1510) aus Maseresche, Linde und einem rötlichen Holz verdankt seinen Namen dem Figurenschmuck, zu dem Stiche von Dürer, aber auch von Cranach d.Ä. und dem italienischen Meister Moderno als Vorlage dienten. Das Möbel in sich vereint die Temperamente der Spätgotik und der Renaissance in kraftvoller Manier.*

*Die Pietà - oder das Vesperbild, weil sich die Kreuzabnahme zur Vesperstunde des Kreuzigungstages zutrug - stammt aus dem süddeutschen Raum und wird anhand ihrer Stilmerkmale dem Ende des 15. Jahrhunderts zugeordnet.*

*Das Reliquiar und die Waschschale führen in die Blütezeit der Schmelzwerkstätten von Limoges zu Beginn des 13. Jahrhunderts. Die Schale mit dem höfischen Dekor kann liturgischen, aber durchaus auch profanen Zwecken gedient haben. Auf dem Reliquiar (rechts) ist das Martyrium der hl. Valerie dargestellt. Das leuchtende Blau im Wechsel zum Grün und Weiß sowie zu den vergoldeten Metallstegen verleihen dem kleinen Schrein einen weihevollen Charakter. Die Hausform symbolisiert die sichere*

*Behausung der Reliquie. Bei der Konstruktion wurden Kupferschmelzplatten auf Holz genagelt. Zu beachten ist die feine Zeichnung der Gravierung. Die Tatsache, daß es sich hier um Limusiner »Massenware« handelt, schmälert nicht den künstlerischen Rang der beiden Objekte.*

*Der Elisabeth-Teppich des Museums stellt einen reizvollen Kontrast zu dem Elisabeth-Zyklus des Spätromantikers Moritz von Schwind in der Elisabeth-Galerie dar. Diese spätgotische Arbeit, die mit großer Wahrscheinlichkeit um 1475 in Basel entstand, schildert detailreich und mit einem unverklärten Blick für die Realität des alltäglichen Lebens Elisabeths Aufenthalt in Marburg. Hierher hatte sie sich auf Anraten ihres Beichtvaters Konrad begeben. Der Teppich veranschaulicht den Empfang der Boten ihres Vaters, des ungarischen Königs; ihre Kinder spielen mit Geschenken (links).*

*Szenenwechsel: Wieder haben die Kinder etwas Hübsches in den Händen. Empfangen wird Heinrich Raspes ,der Sendbote ihres Schwagers, der nun als Landgraf auf der Wartburg sitzt. Er läßt Elisabeth ihr Erbe überreichen: »diesen Schatz«, wie es auf dem Spruchband heißt. Die Witwe greift zu (Mitte). Von der Verwendung des Schatzes erzählt die rechte Seite des Teppichs ohne Schönfärberei: Die Bedürftigen finden bei Elisabeth Hilfe und Zuwendung.*

*»Landgraf werde hart, werde hart wie Eisen.« Diese Redensart verdanken wir den Thüringern. Landgraf Ludwig II. bekam diesen Rat von Ruhla, dem Schmied, als jener inkognito um ein Nachtlager gebeten hatte. Das war eine Warnung, die der Landgraf, dessen Vasallen Land und Leute schindeten, wohl beherzigte. Die Übelsten ließ er vor einen Ackerpflug spannen und kräftig anpeitschen. Weil er nun im eigenen Land nicht mehr sicher war, mehrere Mordanschläge wurden verübt, trug er ständig eine Rüstung und erwarb sich so den Beinamen »der Eiserne«. Ludwig II. regierte nach dem Tod seines Vaters, Ludwig des Springers, zweiunddreißig Jahre, von 1140 bis 1172. Da zum Hofe Barbarossas verwandtschaftliche Verbindungen bestanden, wurde er zum Landgrafen ernannt, was ihn weit über den Grafenstand erhob. Im Palas erinnern Grabplatten an den »eisernen« Ludwig (rechts) und an dessen Vater, den Begründer der Ludowiger-Dynastie. - Der Westliche Wehrgang (ganz rechts) verbindet die Dirnitz (die Rüstkammer) mit den Wehranlagen des Haupttores.*

# Inhalt




Bildnachweis:
Fotos von Klaus K. Beyer, Weimar
Stiche auf Seite 19 und 63 von der Saxonia Galerie, München